yukismart.com/b/67e980

body

corp

head

cap

face

față

grow up

a crește

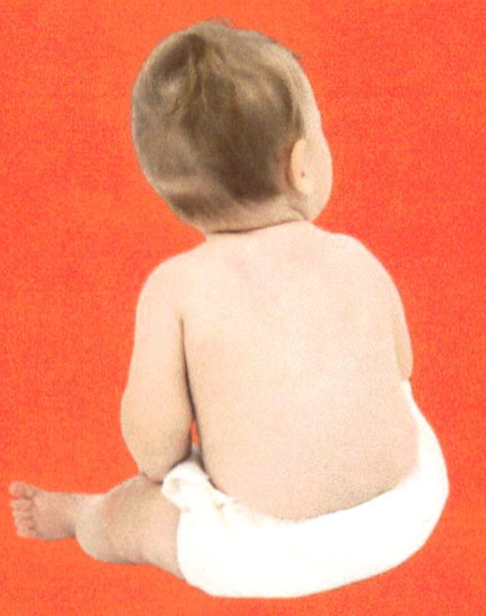

back

spate

chest

piept

bottom

fund

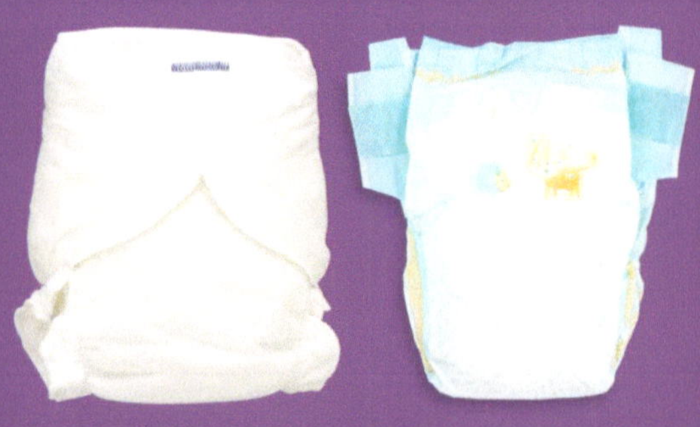

diaper

scutec

eye

ochi

glasses

ochelari

forehead
frunte
chin
bărbie

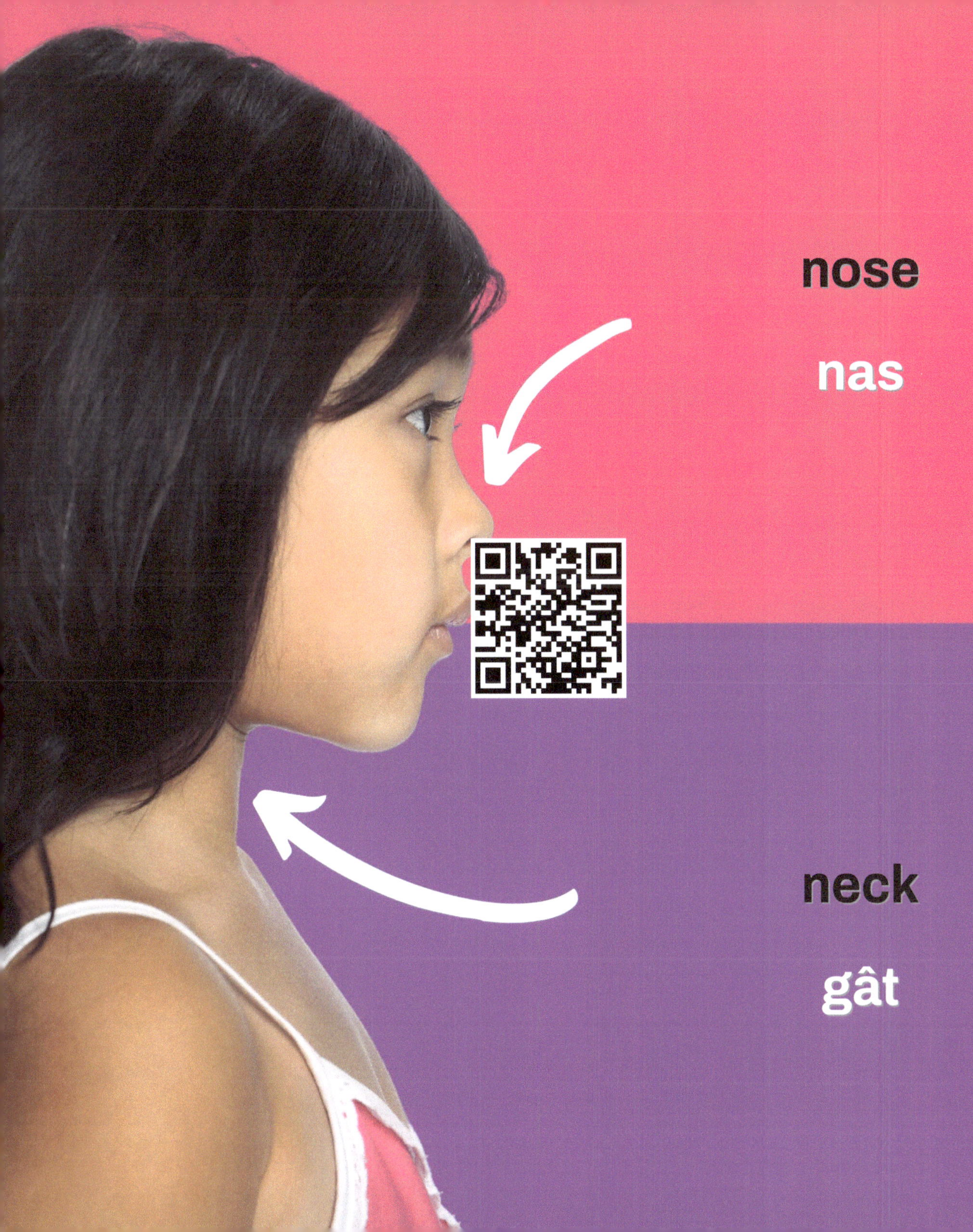

nose
nas
neck
gât

ear

ureche

cheeks

obraji

kiss

sărut

mouth

gură

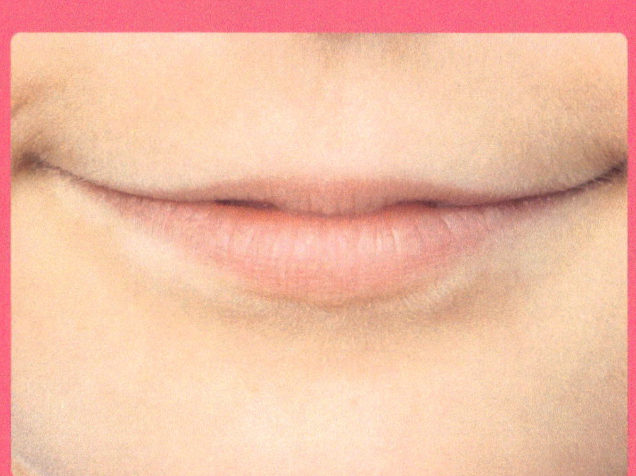

teeth

dinți

lips

buze

tongue

limbă

hair

păr

straight hair

păr drept

curly hair

păr creț

black hair

păr negru

brown hair

păr castaniu

ginger hair

păr roșcat

blond hair

păr blond

gray hair

păr grizonat

bald head

chel

beard

barbă

moustache

mustață

arm

braț

elbow

cot

hand

mână

fingers

degete

thumb

degetul mare

belly

burtă

navel

buric

foot

picior

leg

picior

heel

călcâi

thigh
coapsă
ankle
gleznă

calf

gambă

knee

genunchi

nails

unghii

necklace

colier

bracelet

brățară

hat

pălărie

scarf

eșarfă

coat

palton

pullover

pulover

pants

pantaloni

dress

rochie

rain boots

cizme de cauciuc

socks

șosete

shoes

pantofi

mittens

mănuși

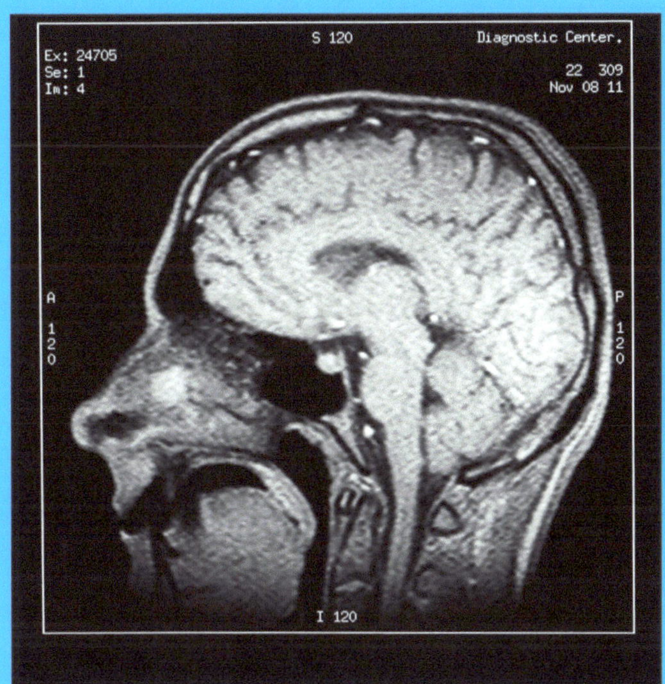

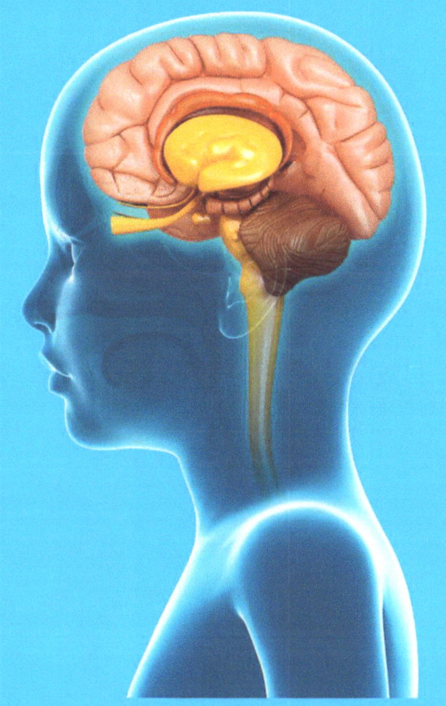

brain

creier

heart

inimă

lungs

plămâni

skin

piele

sunscreen

protecție solară

sun glasses

ochelari de soare

soap

săpun

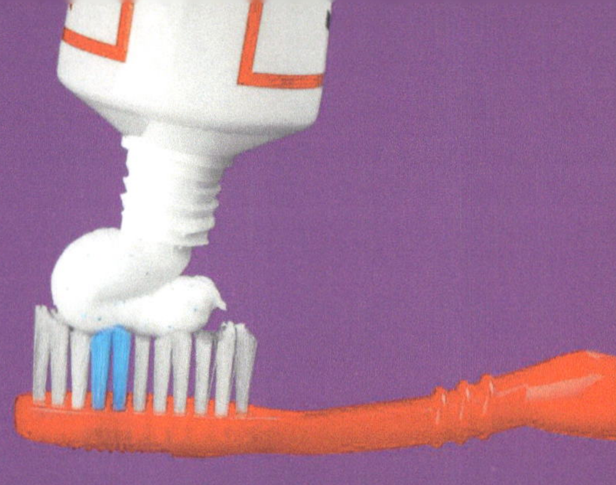

toothpaste

pastă de dinți

toothbrush

periuță de dinți

pain

durere

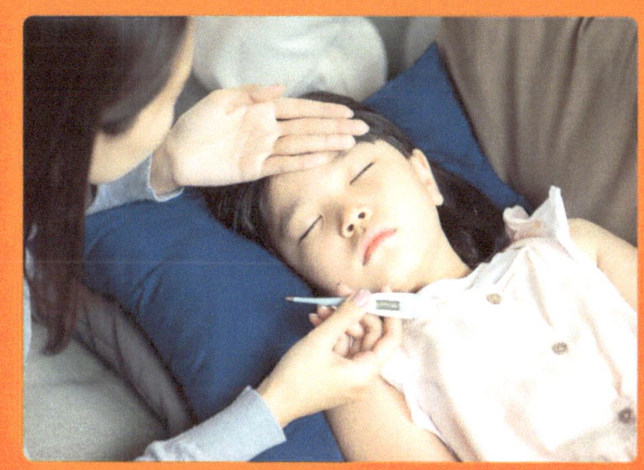

fever

febră

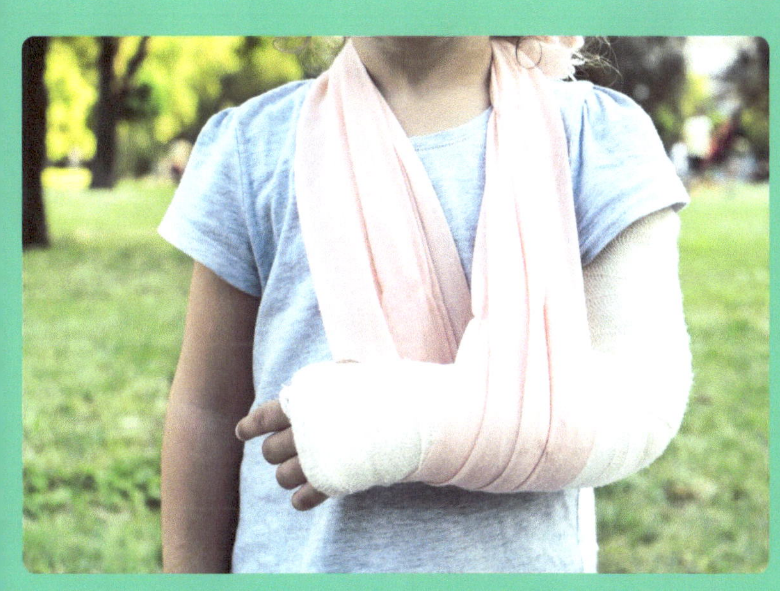

broken arm

braț rupt

sneeze

strănut

cough

tuse

dental cavity

carie dentară

pharmacist

farmacist

medicine

medicament

hospital

spital

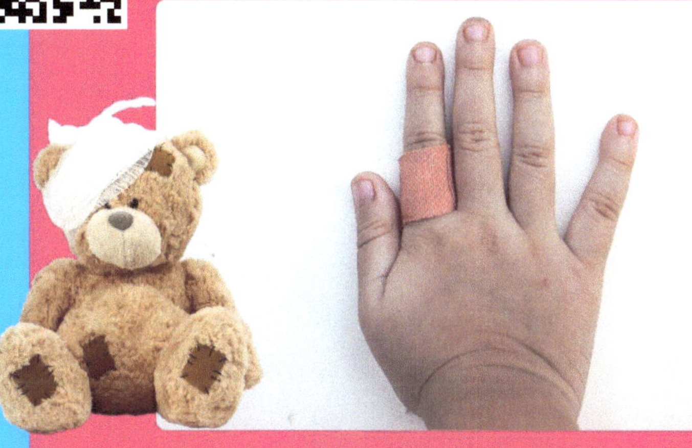

bandage

pansament

paramedic

paramedic

firefighter

pompier

firetruck

mașină de pompieri

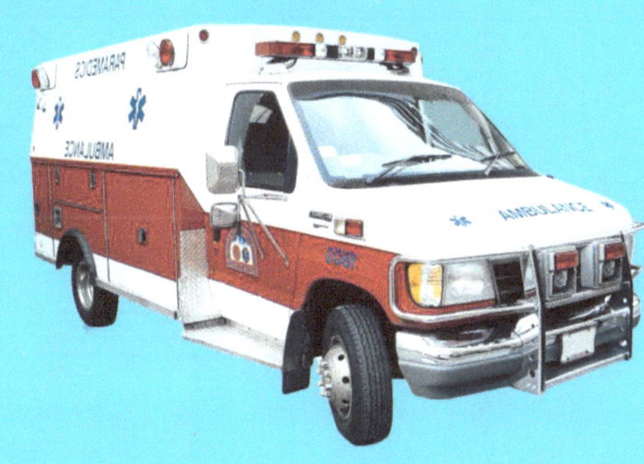

ambulance

ambulanță

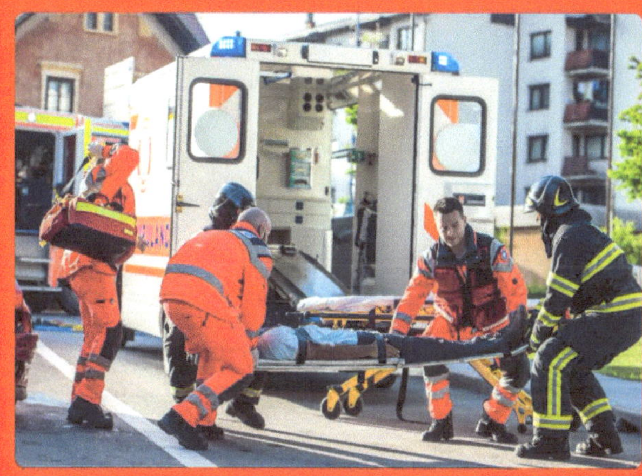

rescue team

echipă de salvare

helicopter

elicopter

boat

barcă

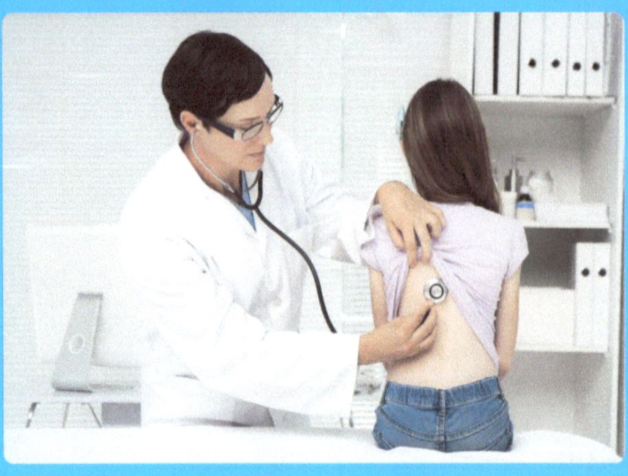

doctor

doctor

nurse

asistentă

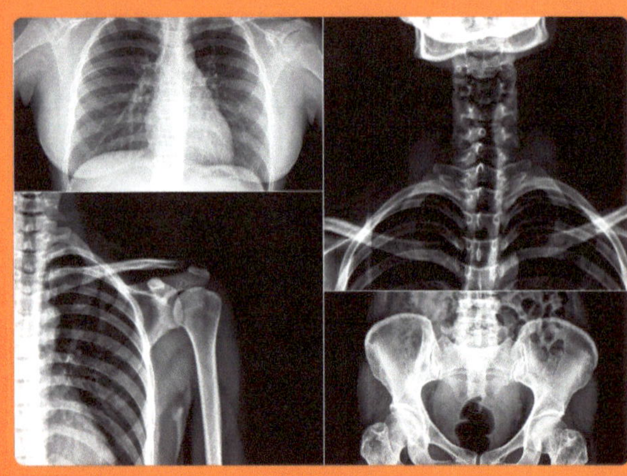

x-ray

radiografie

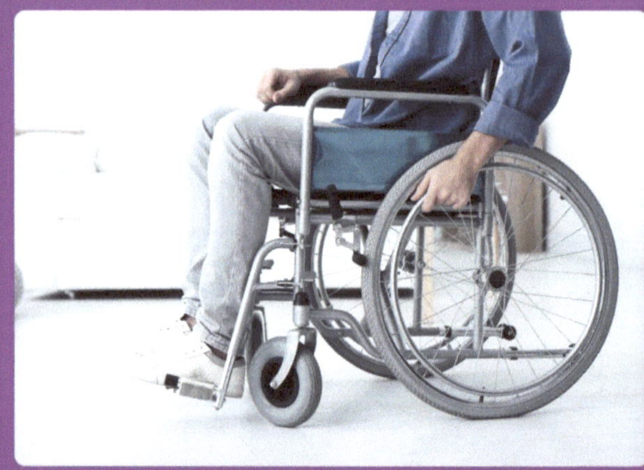

wheelchair

scaun cu rotile

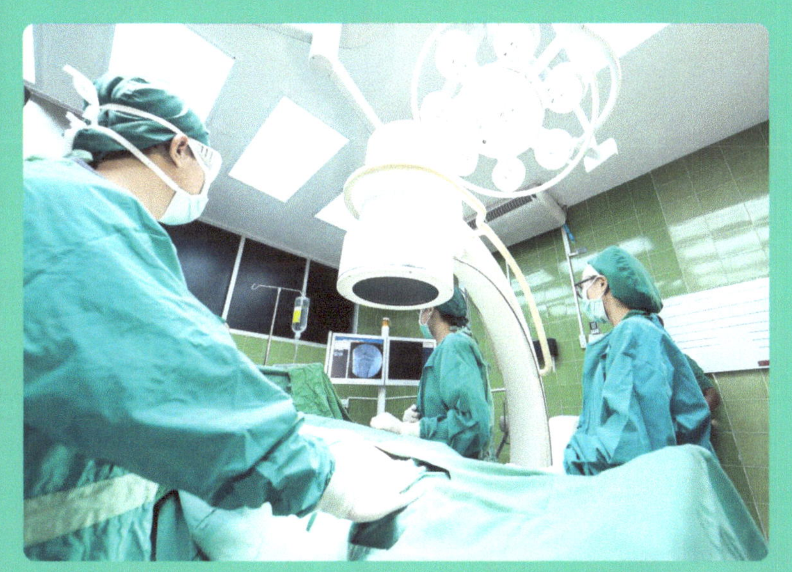

surgeon

chirurg

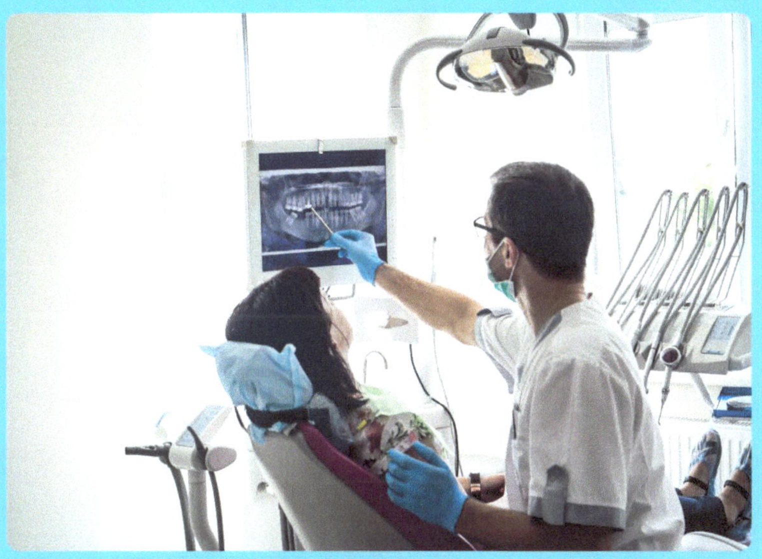

dentist

dentist

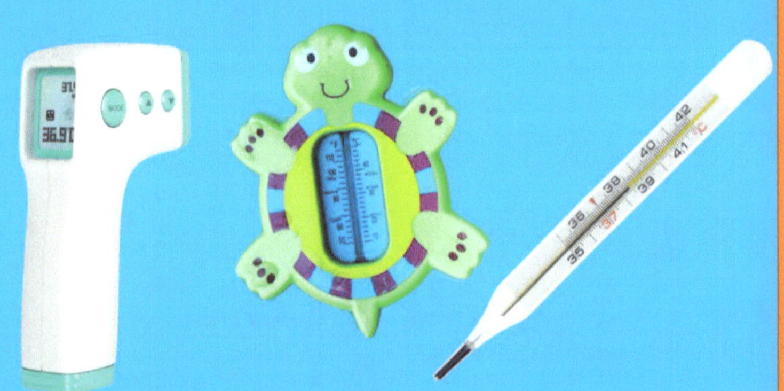

thermometer

termometru

scale

cântar

first aid kit

trusă de prim ajutor

vet

veterinar

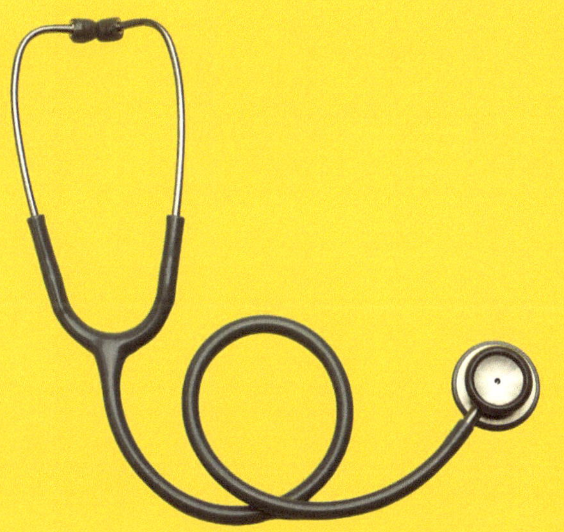

stethoscope

stetoscop

dancing

dans

basketball

baschet

soccer

fotbal

swimming

înot

skiing

schi

judo

judo

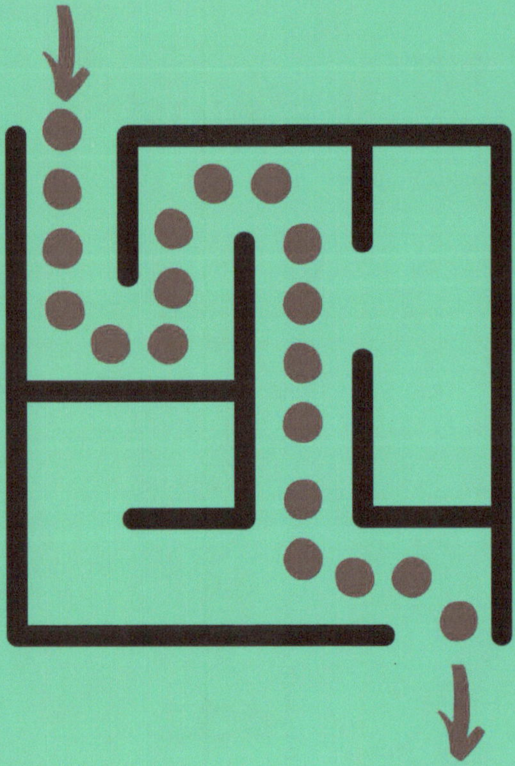

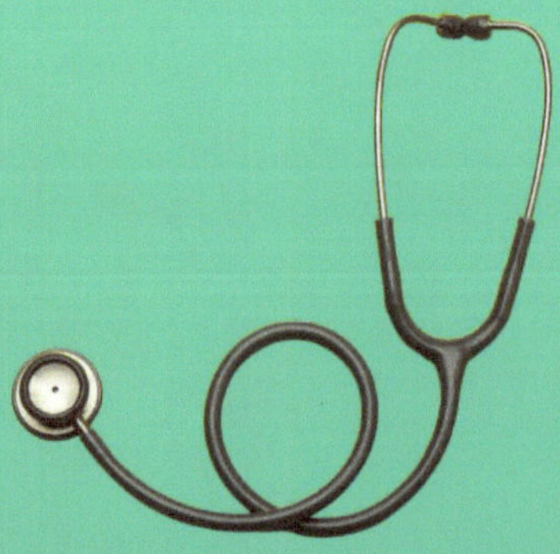

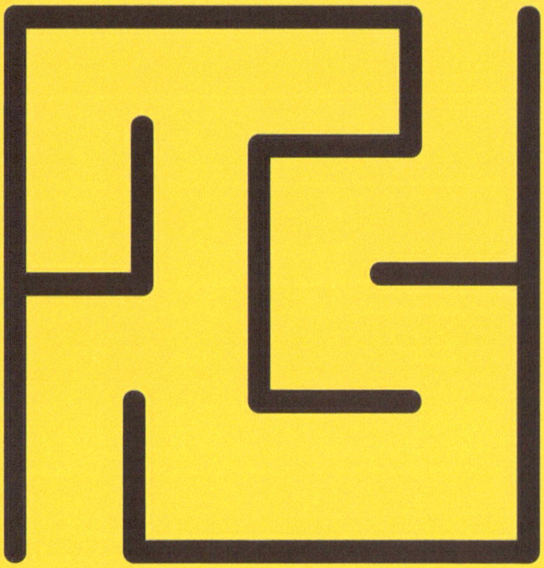

www.ingramcontent.com/pod-product-compliance
Lightning Source LLC
LaVergne TN
LVHW071453190726
843512LV00023B/287